Yo opino...

¿Jugar en línea o al aire libre?

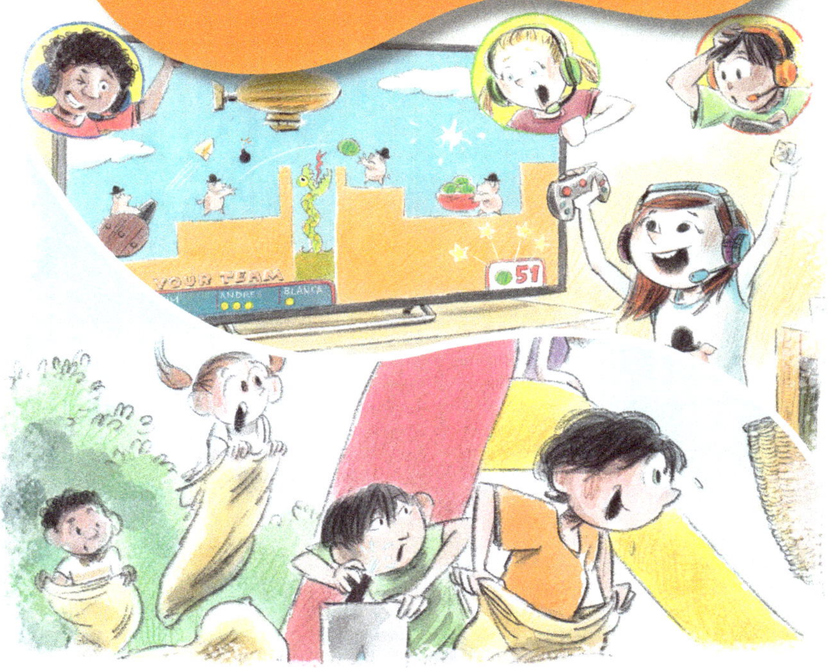

Andrés Pi Andreu
Ilustraciones de **Kim Amate**

VISTA™

Prefiero jugar en línea

Blanca, 8 años

A mí me gusta más jugar en línea que al aire libre. Me encantan los videojuegos. Son muy divertidos y entretenidos. Además, me ayudan a desarrollar muchas habilidades. Me permiten usar la imaginación para resolver problemas o crear estrategias. También puedo usar mi creatividad y mis conocimientos.

Creo que los videojuegos más emocionantes son los que se juegan en línea. Así puedo ser parte de un equipo. Jugar con los demás miembros de mi equipo hace que aprenda a relacionarme con otros niños porque tengo que comunicarme bien con ellos. Por ejemplo, debo saber tratarlos con amabilidad, decirles lo que quiero con claridad y prestar atención a lo que dicen.

En algunos videojuegos, puedo usar conceptos que aprendo en la escuela. Además, me permiten desarrollar mis reflejos y reacciones, ya que para muchos de estos juegos se necesita una coordinación ojos-manos muy alta. Como tengo que hacer varias cosas a la vez, también me ayudan a mejorar la concentración y a planificar mejor mi estrategia de juego. ¡Es un gran reto para mi mente!

En conclusión, jugar en línea es lo mejor porque ejercita mi concentración, coordinación y creatividad, así como mi capacidad para comunicarme efectivamente. Practicar estos juegos ayuda a desarrollar habilidades que son útiles en la escuela y en la vida diaria.

Estoy de acuerdo en que los videojuegos en línea son muy divertidos, pero yo prefiero jugar al aire libre. Muchos niños juegan en línea todo el tiempo y no salen de sus casas. Yo creo que eso está mal porque debemos estar en contacto más directo con nuestros amigos y el mundo. ¡Jugar al aire libre proporciona muchos beneficios!

Los juegos al aire libre nos dan una sensación de libertad muy bonita. Afuera, estamos en contacto con la naturaleza, sus colores y olores. Además, tomamos sol, lo que ayuda a fijar en nuestro organismo algunas vitaminas y minerales importantes para poder crecer y protegernos de enfermedades.

Jugar afuera también nos ayuda a desarrollarnos físicamente. Cuando corremos, saltamos o trepamos, nuestros músculos se ejercitan y esto desarrolla nuestras habilidades. Jugar en línea todo el tiempo puede causar sobrepeso y problemas en la visión por fijar mucho la vista en la pantalla.

Además, cuando jugamos al aire libre tenemos contacto personal con otros niños. Me parece que esto es importante porque solo así podemos ver sus gestos cuando hablan, entender mejor lo que dicen y tener una idea más completa de su personalidad.

También creo que jugar en línea con extraños puede ser peligroso. Debemos ser muy cuidadosos porque no sabemos quién es en realidad la persona que está al otro lado de la computadora. Por eso es importante no dar información personal.

Por estas razones, yo prefiero jugar al aire libre. Es más saludable y me permite relacionarme mejor con la gente.

© 2021, Vista Higher Learning, Inc.
500 Boylston Street, Suite 620.
Boston, MA 02116-3736
www.vistahigherlearning.com
www.loqueleo.com/us

© Del texto: 2021, Andrés Pi Andreu

Dirección Creativa: José A. Blanco
Director Ejecutivo de Contenidos e Innovación:
  Rafael de Cárdenas López
Desarrollo Editorial: Lisset López, Isabel C. Mendoza
Diseño: Paula Díaz, Daniela Hoyos, Radoslav Mateev,
  Gabriel Noreña, Andrés Vanegas
Coordinación del proyecto: Brady Chin, Tiffany Kayes
Derechos: Jorgensen Fernandez, Annie Pickert Fuller
Producción: Oscar Díez, Sebastián Díez, Andrés Escobar,
  Daniel Lopera, Adriana Jaramillo, Daniela Peláez
Ilustraciones: Kim Amate

¿Jugar en línea o al aire libre?
ISBN: 978-1-54333-351-0

Todos los derechos reservados. Esta publicación no puede ser reproducida, ni en todo ni en parte, ni registrada en o transmitida por un sistema de recuperación de información, en ninguna forma ni por ningún medio, sea mecánico, fotoquímico, electrónico, magnético, electroóptico, por fotocopia o cualquier otro, sin el permiso previo, por escrito, de la editorial.

Published in the United States of America

2 3 4 5 6 7 8 9 GP 28 27 26 25 24 23